RODRUALDO VARTAN SILVEIRA

GESTÃO DE PESSOAS PARA LÍDER DE VERDADE

GESTÃO DE PESSOAS PARA LÍDER DE VERDADE

Aprenda a gerenciar pessoas

RODRUALDO **VARTAN** SILVEIRA
Psicólogo Clínico Comportamental
Consultor em Gestão de Pessoas
Trainer Comportamental.

SILVEIRA, Rodrualdo Vartan.
GESTÃO DE PESSOAS PARA LÍDER DE VERDADE, Belo Horizonte/MG: Editora Theme, 2017.

Capa:

Heloá Lacerda Oliveira

Diagramação:

Danyelle Silva Gomes

GRATIDÃO

Ao meu bom Deus
que cuida de mim em cada detalhe.
Aos meus familiares e amigos
pelo apoio de sempre.

Dedico estas páginas às pessoas que buscam ser melhores e mais inteligentes, para que influenciem as demais e que façamos um mundo mais desenvolvido.

ÍNDICE

APRESENTAÇÃO

Escrevi este livro para poucos. Apenas para aqueles que estão realmente dispostos a pagar o preço para aprender a gerenciar pessoas.

Querer ser líder, muitos querem. Preparar-se para tal é para poucos.

Na semana passada, atendi uma mulher de 30 anos na clínica – psicoterapia – com questões sobre seu casamento.

Até que sobre o seu casamento não relatou nada diferente do que estou acostumado a ouvir.

O que realmente chamou a minha atenção foi a sua fala sobre não buscar uma vida muito complicada. Faz questão de ter só o básico, o mínimo. Disse que dá menos trabalho. E sempre pode estar com a sua família, especialmente, seus pais. Reafirma que não tem marido nem dinheiro que a faça deixar de estar, diariamente, com os seus pais.

Neste caso, um casal que muitos acusariam de acomodado. Mas, não me estranha essa situação. Conheço várias pessoas que vivem assim e são, de verdade, muito felizes. Têm uma vida simples, mas conseguem ser felizes com o básico.

São pessoas que não buscam reconhecimento, destaque, *status* social, bens. Contentam-se com um meio de transporte precário, não fazem questão de vaidade. Realmente vivem bem com o básico.

Ouvir uma história como essa, definitivamente, não me estranha. Entendo muito bem.

O que muito me estranha é o contrário em determinadas situações. A pessoa que, de alguma forma, busca crescer na vida, mas pensa que basta contar com a sorte.

Vejo profissional começando a vida, dizendo que será destaque em sua área de atuação. Mas, escureceu o dia e já está procurando um *happy hour*.

Fui atender uma jovem candidata a um dos meus programas de Mentoria – treinamento para desenvolvimento pessoal, profissional e de carreira. Na entrevista, ela deixou claro que estaria à disposição para conciliar a sua agenda comigo para as sessões e treinamentos. Só não abriria mão dos seus finais de semana.

Não que eu precisasse do seu fim de semana para os treinamentos. Mas, essa visão já contradizia a sua meta de ser destaque na sua área de atuação.

Querer ser destaque é fácil demais. A questão é a pessoa estar disposta a pagar o preço para se destacar, para ser uma referência, reconhecida como melhor do que as demais em alguma área ou característica.

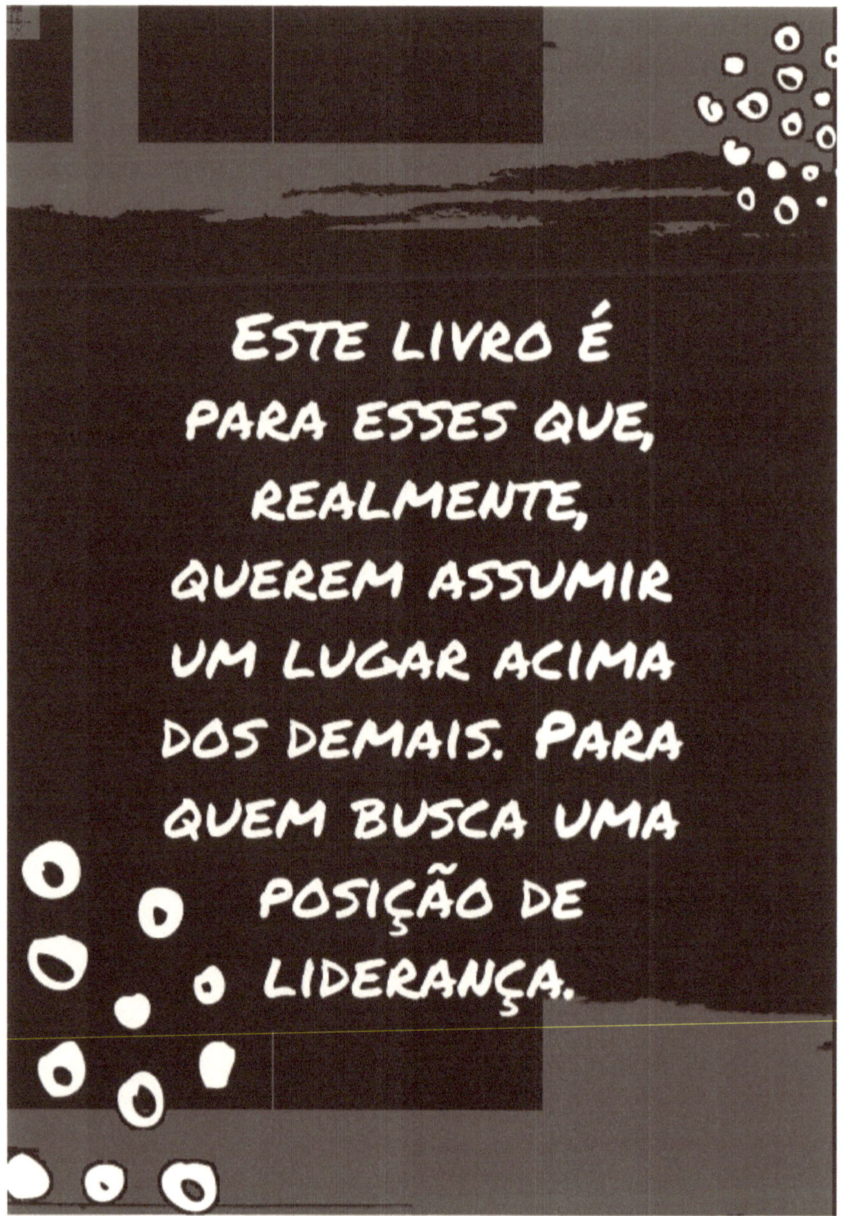
ESTE LIVRO É
PARA ESSES QUE,
REALMENTE,
QUEREM ASSUMIR
UM LUGAR ACIMA
DOS DEMAIS. PARA
QUEM BUSCA UMA
POSIÇÃO DE
LIDERANÇA.

Vejo até alguns – chamemos de – "pseudo-candidatos" para esse posto.

Faz um curso de vez em quando, lê o *best-seller* do momento, inscreve-se numa escola de idiomas e já se vê acima dos outros. Já se considera uma pessoa super desenvolvida, competente para um cargo especial de gerência ou *expert* para tomar a frente de um grupo de pessoas.

Já vou, logo no início, explicar o que é o mais terrível, o pesadelo, na carreira de uma pessoa que se lançou para uma posição de liderança num grupo ou numa empresa sem uma sólida estrutura, sem uma formação adequada.

Há uma terrível ilusão: pensar que o desafio principal é conseguir chegar ao posto de líder, conseguir o cargo superior, assumir o lugar acima dos demais. Grande engano.

O pior estará por vir. O verdadeiro grande desafio será na maturidade da carreira. No segundo tempo do jogo. Quando houver uma impressão de estabilidade, mas os membros do grupo terem mudado: as características dos liderados serão outras, a tecnologia, remanejamentos e mercado causarão mudanças na cultura da empresa. E, de repente, quando o Líder imaginar que já está tudo certo, virá a forte instabilidade.

Neste momento, no meio religioso, os fiéis já não conseguem reconhecer aquele que por muito tempo fora o seu líder. Na empresa, as equipes não se adaptam mais ao gerente dito já afirmado. Os funcionários já não têm a mesma visão sobre o seu empresário que há tanto tempo era visto como referência.

Simplesmente, pessoas que se tornaram líderes sem uma estrutura que embasasse a evolução das suas habilidades e capacidades.

Esses chegam, semanalmente, até mim na Clínica Psicológica e na Mentoria em busca de saídas. Já não conseguem voltar ao papel de liderado, não sabem mais fazê-lo e, ao mesmo tempo, não têm ferramentas e instrumentos pessoais para manter o posto de líder.

No mercado, assisto empresários, principalmente, na faixa etária de 45 a 55 anos vivendo esta situação fortemente.

Esses são os que conseguiram manter uma carreira até aqui. Existem piores: aqueles que muito rapidamente alcançaram o topo, lugares de grande sucesso e destaque em suas áreas, mas, não tiveram condições de se estruturarem compativelmente. A queda para esses veio mais cedo.

São perfis de líderes que foram longe em suas carreiras e não conseguiram se manter. Principalmente, pela falta de estrutura adequada.

Resumindo: são duas as pontuações importantes aqui:

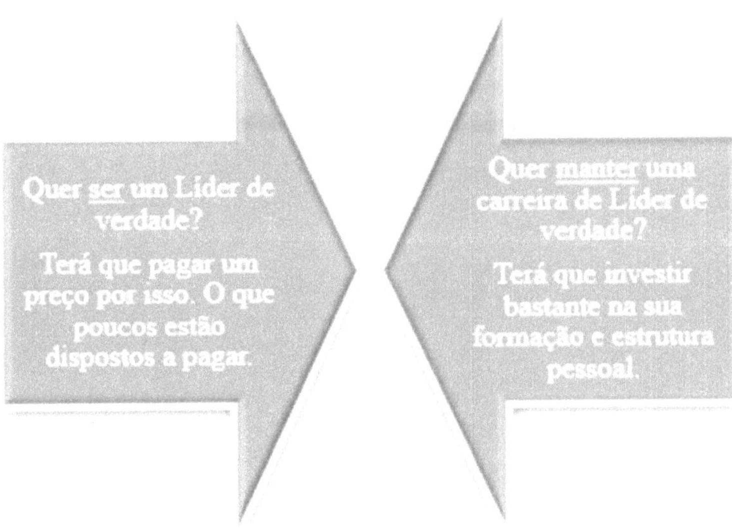

Este livro é somente para quem se identifica com esses dois pontos. Se não for bem isso o que deseja, realmente estranhará esse texto. Será até melhor parar por aqui.

Mas, se você se identificou com esses dois pontos: seja bem-vindo e siga comigo nestas próximas páginas. Falaremos sobre ser um Líder de verdade a partir de ferramentas e técnicas modernas das principais ciências que contribuem com esse tema.

Traçaremos uma caminhada sobre três fundamentos da estrutura pessoal de um Líder de verdade na perspectiva da ciência moderna e do mercado atual e os seus atributos.

Vamos trabalhar o conteúdo bastante aberto, direto e prático, do nosso jeito. Vamos juntos!

INTRODUÇÃO

Não tem muito tempo, fui chamado a uma empresa para auxiliar um gerente de produção que estava tendo dificuldades com a sua equipe.

Já na primeira reunião que participei, ainda como ouvinte, acompanhei aquele senhor conduzindo uma pauta simples com os seus colaboradores.

Bastou um liderado discordar do gerente para este já mudar nitidamente. E com um ar de autoconfiança, fazendo-se bem seguro, respondeu ao colaborador que "isso é uma empresa!". Se a diretoria ditou dessa forma, ele como responsável pelo setor estava apenas cumprindo o seu papel. E que caberia aos colaboradores simplesmente obedecer para que todos garantissem os seus empregos.

O gerente estava diante de mim acreditando que estava se reafirmando. Como se esse discurso fosse a autenticação da sua posição de obediência.

Gente, gente! Esse perfil de "chefe" é coisa da Revolução Industrial, lá do século XVIII. Está certo que no nosso país muitas mudanças chegam atrasadas. Mas, em plena segunda década do século XXI, não preciso gastar páginas para destacar que estamos na era do "líder" e não mais do "chefe".

Já está muito bem socializado isso. Essa história de falar mais alto do que o funcionário, bater na mesa, disputar força, ameaçar demitir: isso. é tudo coisa de chefe. Já não funciona mais.

Os tempos são outros. Agora é ser reconhecido como Líder. Não é imposto, arbitrário. Obviamente que a hierarquia na comunidade, empresa ou grupo é muito importante. Mas, é apenas um item. No conjunto, o grupo de liderados tem que reconhecer o Líder. Quer dizer que este deve ser aceito.

O perfil de chefe, definitivamente, já morreu. Isso serve para líder religioso, coordenadores, encarregados, gerentes, supervisores, diretores e até presidentes.

Tudo isso já está muito bem apresentado nos cursos, palestras, faculdades. O que ainda não está certo é o grande desafio de ser Líder nessa nova concepção. A difícil tarefa de gerenciar pessoas.

Existe outro agravante que diz respeito aos movimentos sociais. Ultimamente, as mudanças na sociedade, nas configurações dos eventos sociais, os novos padrões comportamentais e cognitivos das gerações modernas, as transformações pelos campos tecnológico e virtual, tudo isso dificulta bastante a tarefa de gerenciar pessoas.

Porque o Líder precisa dar conta de três aspectos:

1. **seu próprio desempenho, com conhecimento, competências e habilidades pessoais:**

A sua bagagem de conhecimentos e a gestão destes, somados às suas habilidades e à sua capacidade de juntar tudo isso em seu desempenho à frente das estratégias, comandos e tarefas que garantirão os resultados do verdadeiro Líder.

2. **cada um dos seus liderados, nos seus aspectos pessoais, cognitivos e sociais:**

Não tem jeito mesmo: a ideia de "recursos humanos" já está liquidada. Morreu junto com a visão de que o funcionário é meramente um operador.

O funcionário deve ser visto numa perspectiva humanizada, como uma "pessoa". Que tem história de vida, sentimentos, preferências e capacidades peculiares. Que tem subjetividade.

O Líder precisa fazer uma boa leitura das características e condições do seu liderado. Somente com esse entendimento será possível motivar, aperfeiçoar o desempenho e potencializar a produtividade do colaborador.

3. o ambiente em que está inserido, em que lidera.

No ambiente em que está inserido o grupo é que estão os recursos disponíveis e as condições estruturais. É essencial que o Líder de verdade saiba trabalhar sobre esse ambiente.

Trabalhar com o que tem à sua disposição. Saber tirar o melhor proveito sobre os recursos e adquirir controle sobre os instrumentos, ferramentas e ambiente propriamente.

Resumindo: sobre estes três tópicos não há nada fácil. É realmente muito desafiador. Por isso, não tem como se tornar um super Líder sem uma excelente constante formação e uma atuação com um bom *feedback*.

Vamos taxar esses três aspectos essenciais a um bom Líder:

A <u>Capacidade</u> envolve as habilidades de uma forma geral e o conhecimento. Agora vem o mais importante aqui: conhecimento por si só não conta muito para um Líder. É a gestão deste conhecimento que irá contribuir funcionalmente para os resultados.

Vejo muitas pessoas fazendo cursos, lendo livros, buscando conhecimento. Em si, essas ações somam muito pouco. A questão é o aproveitamento aplicado de todo este conhecimento.

Uma primeira pessoa participou de dez cursos de liderança. Uma segunda, dois cursos. Até aqui não dá para mensurar qual é melhor, qual a mais capacitada. Pode ser que a pessoa de apenas dois cursos consiga aplicar muito mais do que a primeira.

Estamos assistindo esse desastre de tanto curso, treinamento e livros com pouca aplicação.

Preste atenção para evitar confusão. É óbvio que para se tornar um grande líder terá que participar de programas de treinamentos e ler bons livros.

Acontece que isso não é o bastante se a sua capacidade de aplicar este conteúdo é baixa.

APRENDA A APRENDER

AS PESSOAS ESTÃO MAIS PREOCUPADAS EM PARTICIPAR DE CURSOS E LER DO QUE APRENDER A APRENDER. ISSO MESMO, APRENDER A ASSIMILAR E APLICAR O CONHECIMENTO QUE É O GRANDE DESAFIO. TRANSFORMAR AS INFORMAÇÕES RECEBIDAS EM CONHECIMENTO APLICADO.

Geralmente, as pessoas saem de um curso avançado de desenvolvimento pessoal aplicando 20% ou 30% do conteúdo apresentado. Em menos de três meses esse índice chega a cair pela metade.

Já o <u>Tato Social</u> diz respeito à habilidade do Líder em entender os seus liderados. Em lê-los com propriedade, identificando o perfil de cada um e a melhor forma de trabalhar os participantes do seu grupo.

Quanto mais habilidade de empatia somada a conhecimento e ferramentas de entendimento dos liderados, maior será a capacidade do líder para gerenciar o seu pessoal.

Por último: existe um ambiente ativo onde está inserido esse grupo. Que influencia diretamente sobre o próprio Líder e seus liderados.

É papel do Líder exercer <u>controle sobre esse ambiente</u> e usá-lo a favor das suas estratégias.

Desenvolvendo esses três aspectos, vamos conciliá-los com as três estruturas pessoais que fundamentam um Líder moderno, aplicando todo esse conhecimento no gerenciamento de pessoas propriamente.

Vamos caminhar para entender melhor tudo isso. Venha comigo!

PRIMEIRA PARTE - OS TRÊS FUNDAMENTOS DA ESTRUTURA PESSOAL DE UM LÍDER

Eu estava na fila de um supermercado. Na verdade, desses que são chamados de Hipermercado.

Num pequeno espaço de tempo, ali, aguardando a minha vez, assisti a duas cenas muito interessantes.

Em um dos caixas, um homem de meia idade juntamente com a sua esposa tiveram um problema ao passarem as suas compras. A princípio, a distância, eu não havia interpretado direito. Mas, logo, aquela mulher começou a se exaltar reclamando de uma diferença de preço entre o descrito na prateleira e o registrado na máquina operadora do caixa.

A atendente, prontamente, solicitou um superior para resolver a questão. Até mesmo porque, como já é sabido, a autonomia para cancelar ou alterar algo já registrado é do supervisor de caixa. Ele estava atendendo uma outra solicitação.

Neste intervalo, enquanto esperavam a solução com a vinda do supervisor, o casal continuou se exaltando, empolgando, levantando a voz. Voltava-se para as pessoas que o aguardavam na fila e reclamavam, bravamente, do erro e da demora no atendimento:

– Esse povo pensa que a gente é bobo! Querendo roubar o dinheiro nosso. Não podemos aceitar!

Não dava para saber se todo aquele escândalo era para justificar e tirar deles a culpa de atrasar a fila ou se realmente era por revolta do erro da empresa. Fato é que chamaram muita atenção.

Quando o supervisor chegou: sério, com calma, perguntou direto para a atendente do caixa do casal: "o que está acontecendo!?"

A mocinha com uma voz trêmula e meio assustada, explicou a situação sobre a diferença de valores.

Enquanto ainda o casal resmungava, o supervisor, pelo

visto, muito bem treinado e preparado, capacitado, pegou o produto em suas mãos e conciliou com o cupom da registradora. Até então, sem voltar a palavra ao casal.

Em seguida, depois da sua análise, dirigiu-se aos consumidores reclamantes voltando-se para o homem. Repetiu a sua pergunta com muita serenidade e foco: "o que está acontecendo, senhor!?"

O homem, com uma expressão de prepotência, respondeu que era exatamente o que a moça já havia explicado para ele.

Com muita paciência, sem ironia e sem nenhum tipo de exaltação, o supervisor explicou que havia três tipos de pipoca – de micro-ondas – daquela marca: uma pipoca tradicional, uma temperada e outra com cobertura. As duas primeiras tinham o mesmo valor e eram mais baratas do que a terceira que realmente era 30% mais cara.

No caso, eles viram o preço das mais "em conta", mas pegaram a com cobertura. Apenas um detalhe que não repararam.

E, por fim, o supervisor perguntou qual desejavam levar: essa que pegaram que realmente é mais cara e que a máquina registrou corretamente ou gostariam de trocar por uma mais barata: a tradicional ou a temperada.

Obviamente que não consigo expressar aqui com exatidão o quanto o casal ficou sem graça. E bem quietos falaram que poderia deixar aquela pipoca já registrada mesmo. Saíram, rapidamente, sem nem olhar para trás, evitando ver as expressões das pessoas da fila.

Pouco tempo depois, já quase na minha vez de ser atendido, uma segunda cena num caixa ao lado.

Agora, um senhor de mais idade numa situação semelhante: dentre os seus produtos, três latas de óleo foram registradas com preços diferentes do indicado na prateleira, segundo ele.

Mais uma vez, o supervisor de caixa foi solicitado. Enquanto chegava, o senhor mantinha-se educadamente em silêncio, com uma expressão facial levemente aberta, daquele jeito quase um sorriso, mas sem perder a firmeza nos seus comportamentos.

A moça do caixa pediu que esperasse um momento enquanto chegaria o seu superior. O senhor reafirmou calmamente: "Claro! Isso acontece! E é nosso papel como consumidor reclamar para que possam corrigir."

O supervisor logo chegou; perguntou para a atendente sobre o acontecido; analisou o produto e cupom... enquanto o cliente mantinha-se calado, com expressão serena, mas firme. Não falou nenhuma palavra. Apenas assistindo à atitude do supervisor que autorizou a alteração no registro do produto concordando com o cliente.

No final, o cliente voltou-se ao supervisor, muito firme e educadamente, pedindo que fizesse o favor de alterar na prateleira para evitar que se repetisse o transtorno com outros clientes.

O supervisor de prontidão respondeu positivamente já chamando um funcionário de plantão e orientando-o para que fizesse a correção na prateleira do óleo.

Todos que assistiram àquela cena ficaram impressionados com o comportamento daquele senhor. Com a sua facilidade em conciliar serenidade e simpatia com muita firmeza em sua fala e suas expressões.

Fui atendido e saí praticamente junto com esse senhor. Lá no pátio do estacionamento, ainda outra cena...

O tal senhor foi empurrando o carrinho do supermercado com as suas compras até o seu automóvel. Descarregou. Voltou até a porta do supermercado empurrando o carrinho vazio e o encostou junto aos demais no local certo. Não deixou no estacionamento como a grande maioria faz.

Ao ver a cena, eu fiz da mesma forma usando-o como modelo e vi mais duas mulheres que já haviam encostado os seus carrinhos num canto próximo dos seus automóveis: voltaram e devolveram os carrinhos na porta do supermercado.

Em menos de meia hora numa fila de um supermercado e dois fatos tão especiais. Especiais não por serem inéditos. São até comuns em suas características básicas de diferença de preços da prateleira para o caixa.

Mas, o especial está no fato de um mesmo público ali próximo assistir às duas cenas tão antagônicas pelos seus personagens principais. Cenas que serão a base ilustrativa para desenvolvermos os próximos capítulos sobre os Três Fundamentos da Estrutura Pessoal de um Líder.

CAPÍTULO I - ECOLOGIA

Há um tempo, o legal era ser o esperto. O bom vendedor era aquele que conseguia tirar uma vantagem a mais sobre o seu cliente; o rapaz galã, "o cara", era o que conseguia enrolar a mocinha "no papo", mesmo usando algumas mentiras, e ganhando o seu beijo; na fila do banco, quem conseguisse tirar uma vantagem para pegar uma senha passando à frente dos demais era o esperto.

Esses eram os personagens em destaque. Aqueles que conseguissem tirar proveito de uma situação e passar na frente dos outros.

Num *point*, os amigos aplaudiam e queriam aprender com o cara que conseguisse "jogar a conversa" na moça desejada, que fizesse a garota cair no seu papo, nas suas meias mentiras. A ideia era essa: acrescentava algo aqui; mentia sobre sentimento ali; supervalorizava um elogio à garota e, no final, conseguia que ela acreditasse caindo em suas falsas palavras.

Nos treinamentos de Vendas, a conversa dos participantes era aproveitar as técnicas ensinadas para desenvolver habilidade de enrolar o cliente, de seduzi-lo na argumentação e *performance* para que, como num truque de mágica, tirasse uma vantagem a mais sobre o cliente sem que ele percebesse.

Para o gênero feminino, a mais esperta, que era modelo para as demais, explorava os aspectos de sensualidade para seduzir a sua "vítima" e conseguir o objetivo. Valia da sensualidade ao erotismo disfarçado. Na prática, valia até dar a falsa ilusão de que poderia ter algo a mais com a sua "vítima", no sentido sexual mesmo, apenas enganando e seduzindo. Depois de alcançado o objetivo, saía fora. Não cumpria nada das expectativas que ofereceu.

Nos bastidores, a mulher tida como esperta, ainda comentava: "o bobo pensou mesmo que iria conseguir algo – sexual – comigo!"

Essas eram tidas como as pessoas mais desenvolvidas.

Na verdade, estamos assistindo a um período de transição. Ainda vemos essas situações. Mas, os tempos mudam. Uma nova fase social está afirmando-se: novos paradigmas, novos modelos e padrões sociais.

Esses perfis de vendedor espertão, de galã "cheio do papo" e de mulher muito dada à sedução sensual estão perdendo lugar. Caíram de modelo para antipatia social.

Os amigos que antes aplaudiam o "esperto" que conquistava a garota, agora, passam a reprovar o seu comportamento; as amigas da mulher sedutora sensual indiscreta da mesma forma respondem: "desse jeito, dando falsa expectativa, qualquer uma de nós conseguiria"; e o vendedor "espertão" nem recebido é mais na maioria das suas tentativas.

A sociedade melhorou no quesito respeito à Ecologia, no sentido geral desse termo.

Vamos entender melhor esse termo "Ecologia".

Já num sentido aplicado, Ecologia diz respeito ao equilíbrio, harmonia, condição saudável entre as pessoas e o ambiente em que vivem.

Em outras palavras, significa cada indivíduo estar bem:

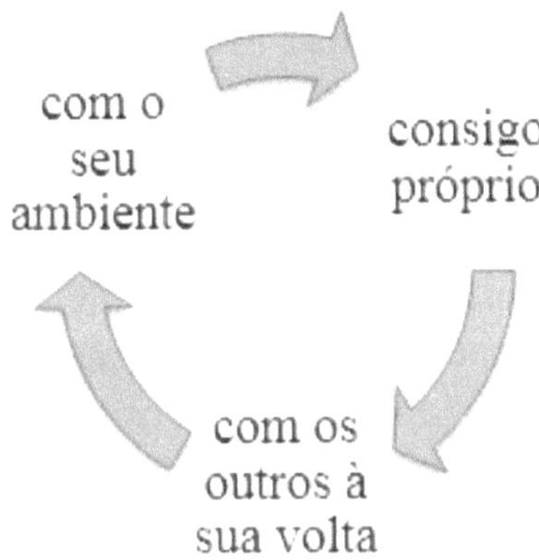

a. Estar bem consigo próprio

Nunca foram tão valorizados os cuidados pessoais, desde saúde a estética. O que era algo particular e cada um fazia como quisesse sobre cuidados pessoais, não interessando às demais pessoas, passou a ser de relevância social.

O grupo de convivência, seja ele religioso, social ou profissional, cobra do indivíduo os cuidados pessoais, a disciplina para a estética e as atitudes para a preservação e controle da saúde. É exigido que a pessoa esteja bem consigo própria inicialmente.

Estar bem consigo próprio é manter o controle sobre as suas faculdades biológicas, como alimentar-se bem, fazer devidamente atividades físicas, dormir o suficiente pelas suas necessidades peculiares orgânicas, manter um acompanhamento médico adequado sobre a sua saúde e cuidando das suas relações interpessoais: amigos, familiares, colegas de trabalho e conhecidos.

b. Estar bem com os outros à sua volta

É neste ponto que vem o segundo aspecto da Ecologia: estar bem com o próximo.

Antes de uma má interpretação precipitada, não tem nada a ver com ser muito "bonzinho" com todos. "Deixar tudo pra lá". Sempre dar razão às pessoas, nunca contrariar o próximo. De forma alguma.

Simplesmente, é fazer-se mais responsável pelas pessoas de sua convivência. Ser mais prestativo, caridoso, atencioso, compreensivo, educado e respeitoso.

Mesmo em cidades grandes, onde predominava a indiferença ao próximo, já estamos vendo atitudes que valorizam fazer o bem ao próximo, desde ajudar um portador de necessidade especial a colaborar com uma campanha social beneficente.

As pessoas estão muito mais dispostas a fazer o que entende que é certo por uma condição social melhor. Resumindo: a regra agora é fazer o bem ao próximo.

A própria mídia tem destacado bastante este novo perfil de uma pessoa mais desenvolvida. Ser educado, respeitoso e caridoso serve como modelo e deve ser seguido. Esse é o lema moderno.

c. Estar bem com o seu ambiente

E, por fim, ser ecológico é manter o seu ambiente organizado de forma que evite:

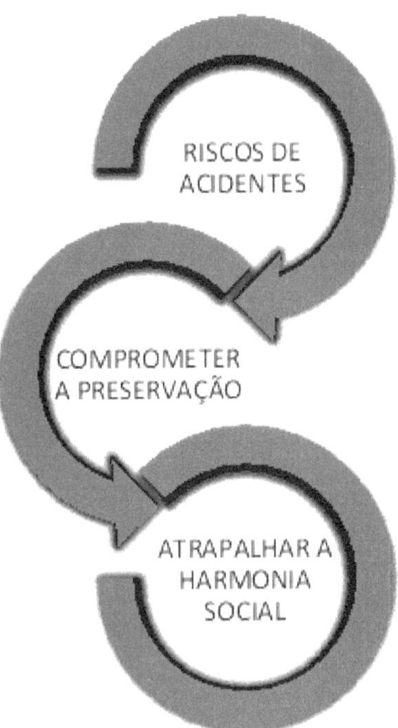

Desde deixar um copo na beirada de uma mesa a danificar o meio ambiente representa algo não ecológico. Deve ser corrigido, dependendo, até punido de acordo com o grau de imprudência.

Em outras palavras, ser ecológico neste terceiro aspecto é manter o cuidado com o ambiente em que vive para preservar o que é natural e organizar a parte sobre o que tem controle para evitar acidentes e mal-estar.

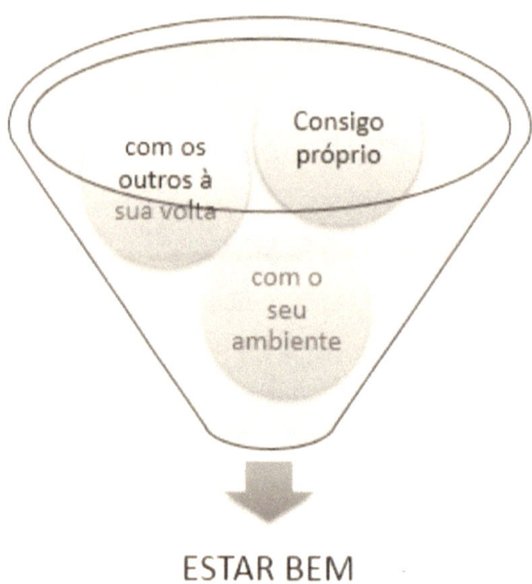

Asociedade está mudando os seus padrões e valores. Ser ecológico é assumir a adaptação a esse novo modelo de uma pessoa mais desenvolvida socialmente, que cumpre estes três fundamentos:

O mais importante aqui é entender que para ser reconhecido como uma pessoa capaz de liderar um grupo, capaz de estar à frente de pessoas, é extremamente fundamental assumir esse papel de ser ecológico.

Voltando ao exemplo da introdução dessa PRIMEIRA PARTE, no fato do senhor reclamando pelo erro no preço das latas de óleo, o primeiro forte aspecto daquele homem foi a sua educação, somada à compreensão e respeito para com a atendente e supervisor.

E depois, no seu comportamento formidável de devolver o carrinho à porta do supermercado, prezando por uma organização ecológica do ambiente, no caso, do estacionamento da empresa.

No contexto social moderno, em qualquer que seja a contingência do grupo, exige-se, naturalmente, do Líder a Ecologia.

A identificação dos liderados para com o seu coordenador e a promoção pessoal deste dá-se, primeiramente, por essa estrutura fundamental: Ecologia.

Somente depois de reconhecido como ecológico é que vem a segunda estrutura fundamental do Líder moderno: <u>Assertividade</u>.

Vamos explorar melhor este termo no próximo capítulo.

CAPÍTULO II – ASSERTIVIDADE

No fato do supermercado, da introdução dessa PRIMEIRA PARTE, os clientes envolvidos entenderam que estavam no direito de reclamar. Que deveriam questionar sobre os erros na cobrança dos produtos que estavam comprando.

A diferença de comportamento dos dois casos relatados foi extremamente discrepante. De um lado, o casal exaltado, acreditando que estava assumindo um papel justo de brigar pelo que é de direito seu como consumidor sendo extorquido. Do outro, o senhor numa situação exatamente semelhante, mas com atitude muito diferente.

Temos que reconhecer: os personagens não foram passivos, não deixaram comprometer os seus direitos, não foram, o que chamamos tecnicamente de, inassertivos.

I.   Inassertividade

Explicando melhor este termo, <u>inassertividade</u> é quando a pessoa não tem coragem, atitude, de exigir o cumprimento do seu direito. Que se compromete por dificuldade de impor seu direito.

Exemplos comuns:

✓ Empresta um dinheiro a um amigo, vence o prazo combinado e o credor não consegue cobrar do devedor.
✓ Reside com uma pessoa, não está concordando com uma atitude dela, reprime-se e não consegue questioná-la.
✓ Uma amiga pede emprestada uma roupa que ainda não foi usada e a dona fica constrangida em dizer não.

"Dificuldade em dizer não" é a principal característica de uma pessoa inassertiva. A pessoa não consegue ser firme naturalmente para falar que não pode emprestar, não pode dar a carona, não pode se atrasar, não pode ir.

Inassertividade é uma das principais causas da Depressão. O sujeito vai juntando, reprimindo-se, vai anulando-se socialmente, cada vez mais se comprometendo por insegurança e falta de atitude para impor seus direitos até que cai no estado de extrema passividade. Ao ponto de comprometer a sua saúde psicológica e, consequentemente, orgânica.

O indicado saudavelmente é ser ASSERTIVO, o contrário de inassertivo.

II.   Assertividade

Assertividade é a obrigação de fazer uso do direito. É quando a pessoa, realmente na sua razão, sem passar por cima dos outros, faz valer o que é seu.

Importante destacar a palavra "obrigação". É assim mesmo. É forte assim. Quando você vive em sociedade é responsabilidade sua impor o seu direito para que valham os padrões morais e éticos da comunidade. É sendo assertivo que o sujeito afirma a sua integridade.

Falamos aqui sobre três termos que merecem uma atenção especial:

Nesta perspectiva daqui, ser íntegro é fazer o que é correto usando a sua própria consciência. Antes mesmo de avaliar se é moral e se ético, já age corretamente por si próprio.

Mesmo que esteja sozinho numa situação e que ninguém irá descobrir ou acusá-lo, é você fazer o que é correto. Isso é integridade.

Já o termo "Ética" significa respeitar o seu próximo. Não causá-lo prejuízo nem mesmo ideologicamente, como numa discriminação racial.

E o termo "Moral" fala sobre você ser correto socialmente. Fazer o que é bom para a comunidade, respeitando as leis e normas e usando o bom-senso pelos padrões culturais da sua comunidade social.

Resumidamente, a relação é:

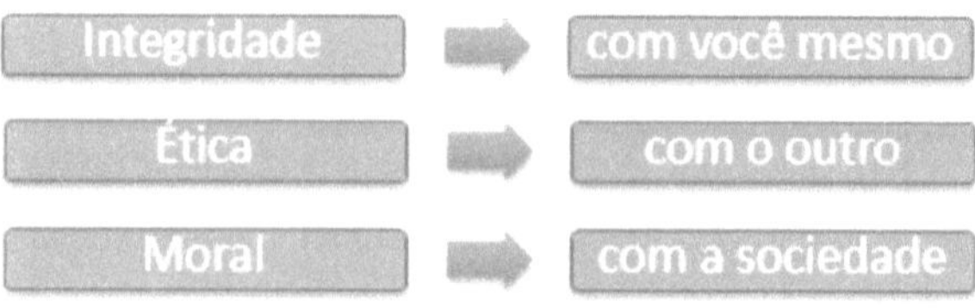

Ser Assertivo é a obrigação de manter essa relação devidamente correta. É fazer uso do seu direito, sem comprometer o do outro.

Obviamente que a sociedade não é estável. Pelo contrário. É bastante dinâmica em seus padrões, modelos e aspectos estruturais.

Interpretando: com o amadurecimento da sociedade, surgem as fases, as eras, as etapas sociais em que as características de convivência das pessoas sofrem alterações. O que, naturalmente, interfere nas concepções de valores ético-morais.

O papel do Líder é ser Assertivo em seus comportamentos. Para isso, deve estar bastante atento, adaptado ao que significa ser assertivo na conjuntura.

O Líder deve ter a habilidade de fazer essa leitura com muita sensibilidade para realmente saber cumprir a sua Assertividade. E, ao mesmo tempo, apoiar os seus liderados para que também garantam os seus direitos com a mesma responsabilidade.

Não vamos entrar nos méritos dessa discussão, mas, apenas sinteticamente, quando falamos em "direito" está embutido os dois lados: direito e dever. Naturalmente, quando mencionamos integridade, ética e moral estamos falando sobre esse dualismo.

Quer dizer que falando sobre Assertividade no sentido de fazer uso do seu direito respeitando o do outro e os padrões morais da sua comunidade já está envolvendo os direitos e deveres.

Não é um exercício fácil. Ser Assertivo é muito difícil. Primeiramente, pela necessidade da interpretação do que é direito e do que não é. E, depois, a aplicação, a prática, do comportamento social de impor o seu direito.

III. Agressividade

Há um risco pelo outro extremo. Quando a pessoa, acreditando que está sendo assertiva, exagera e torna-se até agressiva, desrespeitosa.

Agressividade aqui não tem, necessariamente, a ver com agressão física ou verbal propriamente. Esse termo significa nesta perspectiva o fato da pessoa comprometer o direito do seu próximo.

Para ficar melhor explicado, temos três formas sobre o uso do direito socialmente:

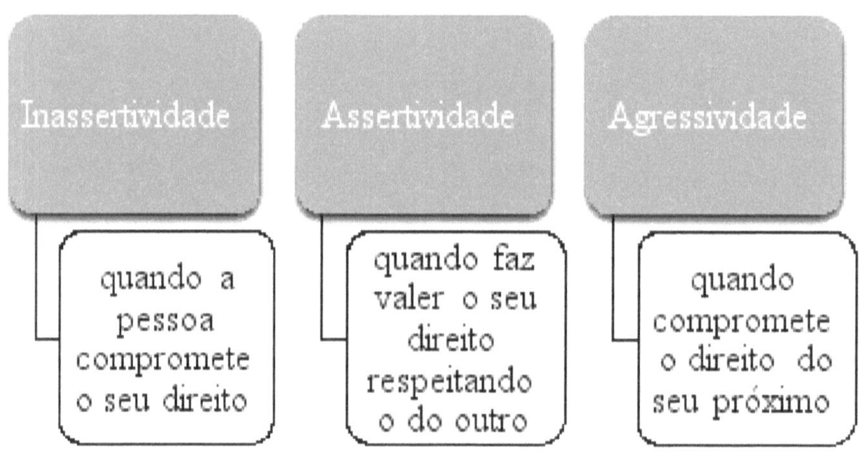

O Líder moderno só é reconhecido como tal quando cumpre muito bem o papel de Assertivo e apoia, fortemente, os seus liderados a também assumirem a Assertividade.

Nos fatos no supermercado que relatamos, o senhor educado foi firme, foi assertivo, ao exigir a correção do valor do óleo. Impôs o seu direito respeitando a atendente e seu supervisor que também estavam no direito de analisar a situação e dar um desfecho justo.

Já o casal, acreditando que estava no direito de reclamar, não respeitou a funcionária do supermercado. Mesmo se fosse o caso de estar realmente correto, se tivesse acontecido o erro do supermercado no preço da pipoca de micro-ondas, o casal foi agressivo: comprometeu o direito da funcionária e do supervisor em analisar e corrigir a situação.

Agora, se tivesse sido negado a atenção ao casal por parte dos colaboradores do supermercado em atender as suas reclamações, aí, a Assertividade poderia exigir um comportamento mais drástico. Mesmo assim, não seria indicado comprometer o respeito e partir para agressividade como fez o casal.

Em síntese, a Assertividade não pode comprometer a Ecologia. Considere como estágios diferentes e complementares. Primeiramente, você aprende a ser ecológico. E com essa base, aprende a ser assertivo. São estágios que se integram. Quer dizer que você só será realmente assertivo quando mantiver a Ecologia e Assertividade ao mesmo tempo.

O senhor no supermercado, sobre o preço errado da lata de óleo, fez isso com maestria.

Ser assertivo é ser firme para fazer valer o seu direito e o do seu próximo sem perder a Ecologia. É, por exemplo, saber falar o "não" com educação e respeito sempre.

Acima da Ecologia e da Assertividade, a próxima graduação de um Líder moderno é a Maturidade.

CAPÍTULO III – MATURIDADE

Para você ser assertivo, é preciso ter discernimento sobre cada situação. Entender as pessoas e o ambiente da ocasião.

Porque não é apenas ter a coragem para lutar, disputar direitos. É necessário ter a capacidade de julgar de quem é o direito na ocasião.

Depois de julgar que realmente está no seu direito, é importante saber fazê-lo valer: impor, exigir, aplicar.

Essa visão para fazer uma leitura apurada e a disciplina e autocontrole para aplicar adequadamente o seu direito, chamamos de Maturidade.

No fato do supermercado, o senhor comprando o óleo estava ciente do seu direito e soube muito bem impô-lo. Extremamente contido, com comportamentos moderados, com uma *performance* bastante autocontrolada.

Na maioria das situações, quanto mais se vê no seu direito, mais forte é a tendência para exaltar-se.

O supervisor do supermercado também teve uma demonstração exemplar de Maturidade que ficou muito nítida principalmente ao atender o casal.

Chegou com cautela, tomou conhecimento da situação para análise com propriedade e com muito autocontrole explicou aos clientes que estavam equivocados, não estavam no direito de reclamar.

No atendimento ao senhor mais educado, o supervisor demonstrou Maturidade ao admitir o seu erro – do supermercado – nas diferenças de preços e reafirmou o direito do cliente. Inclusive, ao pedir que imediatamente fosse corrigido o valor na prateleira, segundo a solicitação do cliente.

Maturidade resume-se no tato mais apurado sobre os fatos e pessoas, ou seja, na visão mais apurada sobre os acontecimentos e

pessoas em volta, além da capacidade para comportar-se adequadamente às exigências do ambiente.

EM OUTRAS PALAVRAS,

não é suficiente ao Líder moderno ser ecológico e assertivo se não tiver a sabedoria para interpretar as contingências e para comportar-se adequadamente com bastante autocontrole.

Numa tarde de sábado, saí de um curso de Comunicação Pessoal e passei num posto de gasolina para abastecer o carro.

Havia duas bombas livres, uma ao lado da outra. Estacionei em uma e juntamente comigo estava chegando outro cliente, num Uno [carro popular] cinza, com a intenção de ocupar a outra bomba.

De repente, um terceiro carro veio da nossa frente e apressadamente tomou o lugar dele. Ocupou a bomba ao meu lado.

Já voltei a atenção para a cena. Imaginei: agora vai dar problema aqui.

Analisando, o prejudicado estaria totalmente no seu direito se reclamasse pela sua vez. E eu já estava preparado para defendê-lo em prol da Assertividade e da Ética. Mas, ele apenas deu uma ré e parou atrás do meu carro aguardando eu terminar. Fez o favor ao intrometido de sair da frente. Deixou a passagem livre para ele.

Quando fui pagar, tive que ir ao caixa para passar o cartão. O funcionário se complicou e demorou no meu atendimento. Nitidamente, estava aprendendo o serviço.

Já o intrometido pagou em dinheiro e saiu. Foi quando o Uno cinza deu a seta para voltar para a bomba que deveria ser a sua desde o início. Esperou pela autorização do frentista, que desatento, acabou chamando outro, um quarto carro para a vaga.

Pensei: agora eu que vou ter que lutar pelo direito deste sujeito do Uno cinza. Que sujeito bobo, passivo, inassertivo! Falando aberto, pensei mesmo foi: "que otário! Deve ser sempre passado para trás!" Até então eu não havia conseguido nem ver o seu rosto.

Enquanto terminei de acertar o pagamento, o quarto carro abasteceu rapidamente, pagou em dinheiro e saiu. Foi quando o Uno cinza conseguiu ocupar a bomba que deveria ser dele desde o início.

Confesso que eu estava muito tentado a me dirigir a ele e dar uma força para que nas próximas vezes lutasse pelos seus direitos.

Imagine a cena...

Retornando para o meu veículo, dei uma volta para passar mais próximo do seu carro. Esperando uma oportunidade para, pelo menos, destacar que era direito dele e que eu o apoiaria se tivesse exigido.

O sujeito saiu do carro conversando tranquilamente com o frentista, pedindo para aproveitar e conferir a água e óleo:

Por volta de uns 70 anos, andar firme, seguro; um olhar direcionado, centrado; movimentos moderados e autocontrolados; forma facial serena e leve, com pouca expressão emocional; com uma entonação grave, bem pontuada, objetiva. Simplesmente o conjunto completo de características que para nós em desenvolvimento pessoal definem Maturidade.

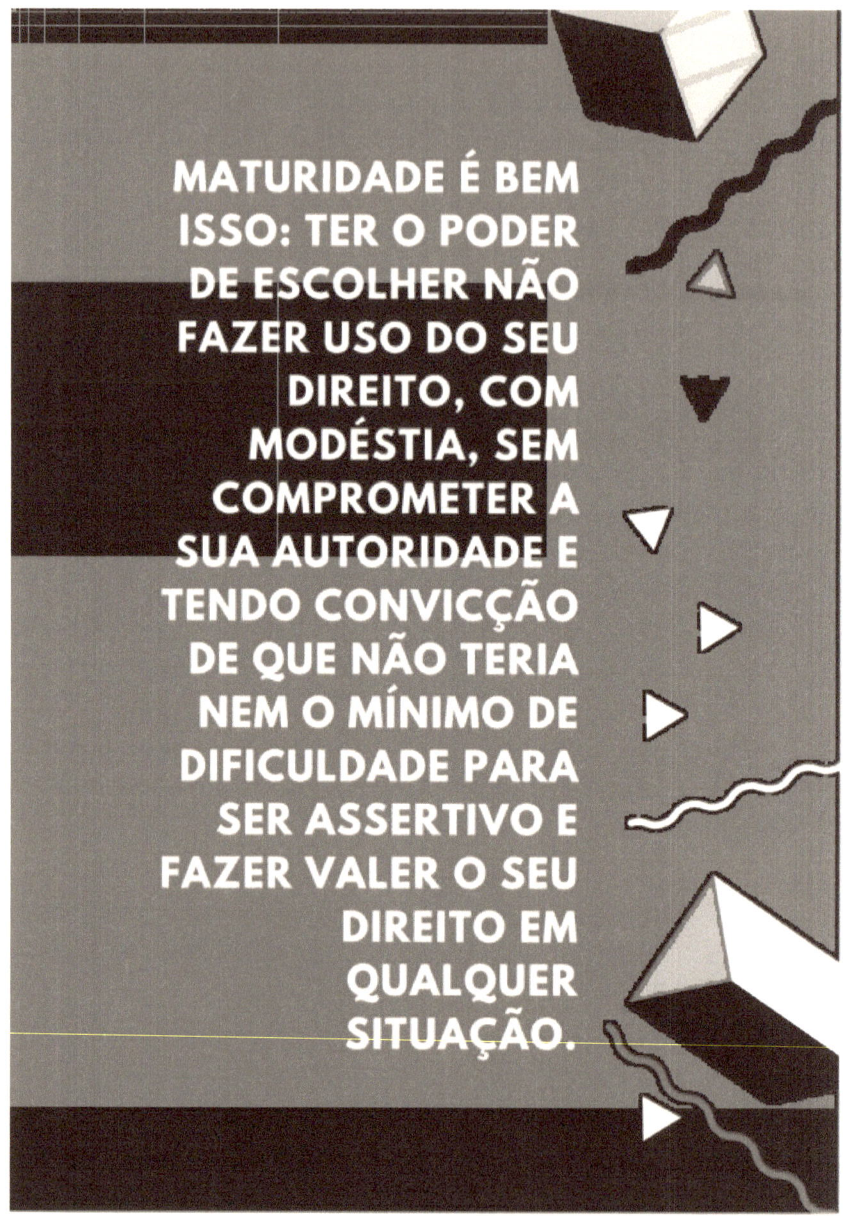
MATURIDADE É BEM ISSO: TER O PODER DE ESCOLHER NÃO FAZER USO DO SEU DIREITO, COM MODÉSTIA, SEM COMPROMETER A SUA AUTORIDADE E TENDO CONVICÇÃO DE QUE NÃO TERIA NEM O MÍNIMO DE DIFICULDADE PARA SER ASSERTIVO E FAZER VALER O SEU DIREITO EM QUALQUER SITUAÇÃO.

Sabe quando você bate o olho numa pessoa e não tem dúvida que é um sujeito muito bem-sucedido na vida, que se for um empresário, deve ter pelo menos uns 1.000 funcionários ou se fizer parte de uma instituição deve ter um cargo dos mais altos!?

Fui em sua direção e falei: "o senhor merece muitos aplausos! É bonito ver isso!". Ele olhou firme para mim, sem falar nada, abriu levemente a expressão facial e fez um gesto de modéstia com a mão, aquele gesto de "pare com isso". E voltou a sua atenção para o frentista.

Saí pensando ainda com a minha mediocridade: "se ele estivesse num dos seus carros mais caros teria recebido um tratamento muito melhor".

Mesmos nós que nos intitulamos mais interessados e esforçados, se não tomarmos cuidado, poderemos participar de muitos cursos na vida, fazer todo tipo de graduação, frequentar igrejas, superar crises e dificuldades... e quem sabe, quem sabe mesmo, chegaremos perto de um nível de desenvolvimento pessoal desse, em tão pouco tempo: em menos de 70 anos.

O nosso objetivo mesmo é não precisar de todo esse tempo. Buscamos inteligência, conhecimento especializado e maturidade acima de tudo.

Aqui está o principal desafio do Líder: ter mais conhecimento aplicado e inteligência para conseguir uma visão e, consequentemente, uma análise melhor, mais apurada do que a mediocridade.

A maioria das pessoas vive pelo que acha, pelas suas cabeças. Quer dizer que se não entender muito bem sobre os assuntos dos quais conversa, obviamente que a sua opinião será extrema especulação.

Estamos num momento social em que há a necessidade de saber de verdade sobre os temas do dia a dia. Isso já é, ou deveria ser, muito óbvio.

Antigamente, uma pessoa instalava uma empresa por conta própria e no jogo da tentativa e erro conseguia adquirir experiência na prática do negócio. São muitas as empresas com mais de 50 anos que foram construídas assim. Como dizem: "no peito e na raça".

Era a época em que os pais educavam os seus filhos reproduzindo a educação dos seus cuidadores. E vida conjugal era cada um aceitar e cumprir seu papel no casamento que no final tudo durava até a morte.

Os tempos são outros. Não tem mais como abrir uma empresa sozinho, sem experiência e ir aprendendo na prática. Não tem como educar filhos sem uma boa orientação técnica. E casamento, para durar até a morte, tem que ter um apoio muito forte de bons conselheiros ou um acompanhamento técnico.

Não adianta a teimosia sobre isso. Estamos imersos na Era do Conhecimento. Não dá mais para uma pessoa viver e sair-se bem com o mero conhecimento socializado. Ou seja, o senso-comum não é suficiente mais.

É preciso, realmente, entender dos assuntos do dia a dia.

Antigamente, a mecânica dos automóveis utilitários era

igual. Pelo menos, bem semelhantes. Hoje, todo dia tem uma novidade neste segmento. Não dá mais para um motorista com pouca informação de mecânica dar um "jeitinho" num problema emergencial no seu carro.

Há poucos dias, eu estava em viagem e parei num posto de combustível para fazer um lanche rápido. Ao tentar ligar o carro novamente ele não funcionou.

Chamei um frentista e pedi um apoio para empurrar o carro e tentar fazê-lo, como dizem: "pegar no tranco". O rapaz já veio me chamando a atenção: "não, senhor!!! Esses carros não podem mais pegar no tranco." E explicou-me mais tecnicamente sobre esses motores novos. Foi o jeito chamar um guincho.

Na oficina, ainda questionei o mecânico se era algo complicado, se apenas com um empurrão e "no tranco" ele não voltaria a funcionar.

Ele confirmou que era simples sim. Que se fosse num motor mais antigo seria só isso mesmo. Mas, neste caso, o frentista estava com a razão.

Pensei comigo: não vou nem discutir. Cada um no seu "quadrado".

Os tempos são outros.

Atendi uma mãe de uma criança de sete anos na semana passada. Ela estava com muita dificuldade para educar o seu filho e veio procurar a minha ajuda técnica como psicólogo clínico.

O mais interessante é a inquietude dela jogando a responsabilidade para o garoto. Na verdade, gostaria que eu conversasse com o seu filho por ele não aceitar bem a sua forma de educá-lo. E destacou que estava utilizando o mesmo padrão que os seus próprios pais aplicaram e que funcionou muito bem com ela.

Ou seja, a mãe reproduz a educação que recebeu dos seus cuidadores no seu filho de sete anos e se não funcionar é culpa dele. Obviamente que não vai funcionar. Ainda mais nesta geração de crianças que são muito diferentes das gerações anteriores.

Fui atender um empresário tradicional. Ele tem uma rede de lojas de roupas com o perfil mais popular. Pediu ajuda, primeiro, para entender o que acontecia, visto que não estava mais tendo lucro na sua empresa.

Analisando o histórico do seu negócio: pense em uma estrutura bem tradicional e antiga! Desde os processos de gestão até a forma de atendimento.

Respondi para o empresário que eu não sabia como ele ainda estava conseguindo manter aquelas lojas abertas. Como ainda não havia quebrado financeiramente.

Empresário usando métodos e gestão que funcionaram há décadas, mas, as pessoas mudaram: os clientes são outros e a tecnologia evoluiu muitos processos empresariais. Não tem como vender do mesmo jeito de 10 ou 20 anos atrás.

É óbvio que a tradição da marca, as características dos produtos e os preços praticados podem sustentar o negócio por um tempo. Mas, tem data de validade.

Eu estava à frente de um curso de Comunicação Pessoal, com foco em Oratória. Enquanto eu falava sobre a aplicação dos principais conceitos da área, um participante confirmava conferindo por pesquisa virtual no seu celular. Eu explicava um termo e ele completava lendo o que estava na sua pesquisa.

Pensa só!!! Esse é o tempo em que vivemos. O professor está à frente dando a sua aula e o aluno conferindo tudo através das pesquisas pela Internet.

O pai explica algo para o seu filho e este corre na Internet para conferir se o seu cuidador tem razão.

O cliente, no momento do seu atendimento numa loja, está conferindo os seus direitos na Internet.

É o tempo do conhecimento.

Lamentavelmente, existem os efeitos colaterais desse conhecimento tão disponível porque surgem as distorções. A pessoa leiga entende que lendo um pedaço de texto sobre um assunto já é suficiente para apresentar-se entendida do assunto referido.

É muito comum, na clínica psicológica, o cliente chegar para mim já com um pré-diagnóstico pelo que pesquisou na Internet e pelos seus sintomas e sinais.

As pessoas leem trechos da Constituição e Códigos relacionados e já saem pensando que são advogadas.

Empresários assistem a um vídeo explicativo sobre Gestão de Negócios na Internet e imediatamente aplicam em suas empresas.

Pais assistem a uma entrevista de um profissional sobre educação de filhos e já entendem que podem utilizar como padrão sobre as suas crianças.

Efeito colateral dessa socialização tão grande do conhecimento: todos pensam que sabem tudo.

É o momento de destacar aqueles que realmente são especialistas. Aqueles que dedicam conhecer com propriedade um tema e tornam-se capacitados para não só opinar como produzir conhecimento adaptado à situação da demanda.

Conversando com uma moça que havia participado de um programa de Mentoria – desenvolvimento de carreira profissional –comigo, ela aproveitou o momento para dizer que havia encerrado a leitura do meu livro "Personagens".

A moça, simpaticamente, elogiou o livro e completou que leu fazendo várias anotações para questionar comigo. Ela gostaria que discutíssemos esses trechos.

Sendo uma pessoa com quem tenho mais liberdade pela experiência da Mentoria, destaquei chamando a sua atenção: "vamos marcar sim. Leve as suas dúvidas para eu responder e estude bastante sobre os assuntos que deseja questionar."

Para discutir um tema com um especialista tem que estar bem a par. Realmente, deve estudar de verdade o assunto anteriormente. Porque a sua mera opinião, sendo leigo, o seu "eu acho", não vai contribuir. Na verdade, não vale muito.

Aqui está o ponto fundamental: o que você acha sem ter conhecimento, sem saber de verdade sobre o assunto, absolutamente não vale para nada.

Quando falamos de Líder moderno é importante destacar que o conhecimento do senso-comum não é mais, se um dia foi, suficiente para gerenciar pessoas.

Em plena Era do Conhecimento, tem que saber de verdade, saber muito sobre a sua área de atuação, especialmente a que se refere à sua liderança.

É até permitido ao Líder não saber sobre um determinado tema. Pode até utilizar de um dos seus liderados para apoiá-lo sobre uma tomada de decisão específica que exija um conhecimento técnico sobre um assunto diferente da sua especialidade. O modelo moderno em Gestão de Pessoas, que chamamos de Gestão Participativa, já tão socializado, fundamenta muito bem isso.

Agora, se o Líder afirmar algo, não pode errar. Se falar que entende sobre um determinado assunto, tem que saber de verdade, ter muita propriedade.

Ainda mais quando se trata de *performance*. Por exemplo, se o Líder tem como rotina dirigir reuniões é essencial ter habilidade para comunicar-se bem em público.

Se o Líder utiliza alguma ferramenta, por exemplo, um *software*, para a sua gestão, pelo menos na parte do sistema que compete à sua atuação deve ser *expert*.

Uma discriminação importante é que a informação que mais vale para um Líder é diferente da que vale para um professor, por exemplo.

Para o Líder, o que mais interessa é transformar as informações em conhecimento aplicado. E não apenas teórico. Precisa que este conhecimento apreendido seja aplicado através de habilidades, em especial, para tomar decisões e resolver problemas.

Na verdade, são três as principais funções do conhecimento para um Líder:

Um programa de *Mentoring* completo trabalha justamente estes três pontos para alcançar o tão desejado lugar de Inteligência, Maturidade e Conhecimento especializado -especialmente sobre a área de atuação ou de intenção do participante.

Vamos abordá-los.

I.   Autocontrole

O conhecimento serve ao Líder, primeiramente, para capacitá-lo em sua *performance*, no seu desempenho pessoal. Na sua comunicação, argumentação e determinação dos seus comportamentos.

O comportamento do Líder moderno deve ser o conjunto de movimentos corporais e expressões verbais bastante determinados e ao mesmo tempo com muita leveza. Chamamos esse conjunto de categoria, típico do Líder moderno.

Em outras palavras, comportamento categórico é o estilo específico que um Líder moderno deve assumir, que caracteriza Maturidade.

No nosso livro publicado anteriormente a esse: "Personagens", tratamos dessa parte mais voltada para o comportamento, o desempenho corporal. A base é o próprio termo "Personagem".

Aproveitaremos um trecho daquele livro para explicar esse termo:

> *Não precisamos delongar muito nesta questão: entenda de uma vez que família é família, trabalho é trabalho, amigos são amigos, igreja é igreja, instituição de classe é instituição de classe. Em cada área dessa, nas várias situações, você tem que atuar diferentemente. Tem que cumprir diferentes papéis. O contrário acarretará fracassos e decepções.*

> *Essa atuação diferente em cada contexto é o que denominamos de Personagem. É o conjunto de características, ideologia e expressões corporais que você apresenta com o intuito de atender, satisfatoriamente, a cada um desses ambientes de convivência.*

É através desse conceito "Personagem" que configuramos como deve ser a estrutura da apresentação de um Líder moderno enquanto reúne as características de Ecologia, Assertividade e

Maturidade.

Vamos usar mais um trecho do nosso livro anterior: "Personagens" para resumir:

> *A proposta é seguir a ordem de atuação, de Personagens:*
>
> 1. *Transmitir segurança, com um padrão corporal e verbal mais firme, sem perder a habilidade social, que chamamos de Personagem Padrão;*
> 2. *Conquistar confiança, criando afinidade, reforçando bastante, aqui, a habilidade social;*
> 3. *Impor conhecimento de causa sobre algum assunto em pauta ou sendo bastante decidido nas opiniões, ideias e sugestões, sem precisar contrariar o seu interlocutor;*
> 4. *Assumir um Personagem mais tranquilo, integrando maturidade e categoria.*
>
> *Tecnicamente, em todas as nossas atuações em interações sociais seguimos esse padrão nesta exata sequência.*
>
> *Em outras palavras mais simples, o importante é você conciliar um Personagem amistoso, seguro nos comportamentos e falas e categórico. Assim:*
>
> - *Ser bem-humorado, com esportiva, interagindo com as brincadeiras e contos sadios do grupo;*
> - *Ter domínio próprio – não ser reativo, agindo por impulso, sem estratégia e comportamento pensados.*
> - *Educação é sinônimo de idoneidade para a nossa cultura. Explore isso, sendo respeitoso, gentil, atencioso com os outros.*
> - *Ser resolvido, despachado, o que não quer dizer precipitado em decidir. Ou seja, ser decidido sem perder a cautela.*
> - *Não se autopromova, esnobando. Deixe que os outros reconheçam e elogiem seus desempenhos. E somente quando for cabível à oportunidade, apresente seus resul-*

tados positivos de forma categórica, técnica, destacando o seu desempenho e não a sua pessoa.

- *Esforce-se para comunicar-se bem, de forma desinibida, eloquente, firme.*
- *Não saia tentando adivinhar os sentimentos e intenções das pessoas. Aprenda a fazer perguntas e foque em adquirir experiência para interpretar e responder bem a fala do outro.*

Para um Líder moderno, em primeiro lugar, o conhecimento adquirido vale para o seu autocontrole, especialmente no sentido de disciplina, para gerenciar os seus próprios comportamentos e *performances*.

II.   Tomada de decisão

Em segundo plano, o conhecimento adquirido pelo Líder moderno favorece a sua capacidade para ter a iniciativa de assumir a responsabilidade em tomar decisões. E como Líder, assume decisões que envolvem os seus liderados. Assume escolhas que afetarão diretamente o seu grupo.

Essa responsabilidade assumida é extremamente favorecida quando tem uma bagagem de conhecimento aplicado.

Este último termo, "aplicado", é muito importante aqui.

Mais uma vez, destacamos que não é o conhecimento teórico que mais interessa para o Líder. Não é apenas para ter capacidade de explicar conceitos, de se fazer inteligente em declarações. Mas, interessa mesmo é o conhecimento procedural.

Vamos entender isso melhor.

Existem dois tipos de informações básicas que o seu cérebro assimila:

A.   Informação Declarativa

São informações teóricas que não se referem diretamente a uma ação, um procedimento. Devem ser gravadas no seu cérebro para quando precisar expressar, reproduzi-las.

Exemplificando:

Se estiver estudando para uma prova escrita, para um concurso por exemplo, você deverá gravar as informações do livro referente. Se estiver assistindo à uma aula, deverá registrar o que o professor falar quando não estiver no seu material escrito para gravar em seguida.

Outro exemplo:

Se estiver preparando uma aula teórica, revisando bibliografias, selecionando informações em vídeos e noticiários, terá que registrar as informações importantes e que provavelmente utilizará. E antes da aula propriamente, deverá gravar ao máximo esses conteúdos para reproduzi-los teoricamente aos alunos.

Resumindo:

São informações que você terá que gravar para reproduzir em formato de conteúdo, informação propriamente.

B. **Informação Procedural**

São informações sobre procedimento. Que se referem a fazer algo, a uma ação propriamente. Devem ser aprendidas para conseguir aplicar e praticar.

Exemplificando:

Se você, numa academia, com o instrutor demonstrando como é a forma correta de fazer o seu próximo exercício físico, deverá assimilar as informações para em seguida aplicá-las. Terá que fazer corretamente. Entender como proceder.

Outro exemplo:

Caso esteja em um dos meus cursos de comunicação pessoal, recebendo informações de como deve ser a sua *performance* em Oratória, deverá prestar bastante atenção para em seguida aplicar. Deverá reproduzir na prática, procedendo da forma que demonstrei.

Resumindo:

São conhecimentos que você terá que aplicar, que praticar. Terá que transformar em procedimentos.

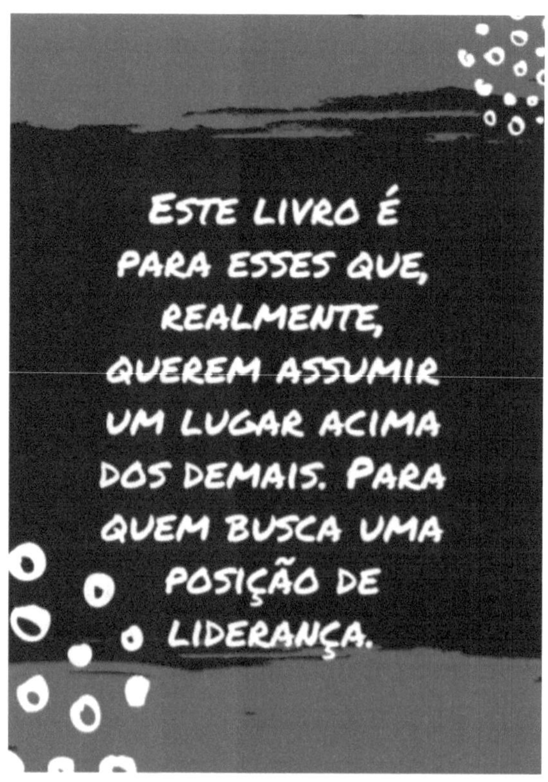

É esse conhecimento que irá capacitá-lo para assumir decisões importantes, envolvendo o seu grupo de liderados diretamente, influenciando o seu ambiente, assim como, outras pessoas indiretamente.

A capacidade para assumir decisões importantes que gerarão consequências para os seus liderados é a segunda grande contribuição do conhecimento adquirido pelo Líder moderno.

III.   Resolução de Problemas

Depois de toda essa graduação, desde a Ecologia, passando pela Assertividade e alcançando a Maturidade, o Líder moderno chega a um patamar de destaque. Atinge o lugar acima da mediocridade e que o faz diferente dos demais com a sua habilidade para resolver problemas.

Qualquer que seja o seu grupo de liderados, o reconhecimento natural e genuíno de um Líder moderno tona-se integral quando exerce a sua habilidade de resolver as questões mais complexas do grupo com autocontrole e com iniciativa para tomar decisões.

"Questões complexas" podem ser desde um juízo sobre uma ideologia: como uma discussão em um conflito interpessoal entre seus liderados, até uma questão técnica em que poderá ter conhecimento e propriedade para dar a saída ou solicitar e delegar sobre as proposições de outros técnicos/especialistas no assunto em questão.

Em outras palavras, o Líder não exerce influência apenas nos temas de sua especialidade. A sua posição e capacidade adequada no grupo o qualifica para resolver questões em que poderá solicitar apoio técnico de especialistas no assunto.

> # ISSO É MUITO IMPORTANTE. É MUITO COMUM VERMOS LÍDERES QUERENDO ENTENDER DE TUDO.
>
> ## PENSANDO, IGNORANTEMENTE, QUE SE NÃO SOUBEREM, PROPRIAMENTE, SOBRE TODAS AS QUESTÕES QUE ENVOLVEM O GRUPO, PERDERÃO A AFIRMAÇÃO COMO TAL.

Não é nada disso.

Na verdade o papel do Líder moderno, atualizado, é administrar os problemas do seu grupo, gerenciando as pessoas nas suas condições ideológicas, técnicas e sociais. Para isso, é essencial a graduação do Líder nas três estruturas pessoais fundamentais apresentadas até aqui: Ecologia, Assertividade e Maturidade.

Vamos entender melhor esse ponto nos próximos capítulos. Mas, antes, vamos reafirmar essa graduação, aprofundando um pouco mais.

A capacidade do Líder em ser ecológico, estando bem consigo próprio, com o seu próximo e controlando bem o seu ambiente é que determinará a sua habilidade para ser assertivo.

Primeiramente, para analisar com propriedade a quem deve o direito em cada ocasião; depois, para aplicá-lo corretamente.

Acima da Assertividade está a Maturidade. Esta, bem adquirida, será responsável pelas condições mais sublimes, socialmente falando, do Líder moderno. Inclusive, para ser capaz de abrir mão da própria Assertividade e da Ecologia em alguns momentos.

Misturou tudo agora para você!? Calma aí! Vamos explicar melhor.

Conversando num nível mais avançando, na verdade, o importante é ter a capacidade da Assertividade. Mesmo que em alguns momentos, pela situação, sem ser pela insegurança e falta de coragem, o assertivo irá abrir mão do seu direito.

Preste atenção para evitar confusão. Desde que a pessoa não tenha dificuldades para a atitude de impor o seu direito na situação, pode ser que por força maior, por uma questão mais importante, o indivíduo abra mão do seu direito. Neste caso, não é Inassertividade. Chamamos de Maturidade.

Vamos aplicar tudo isso para clarear mais e ficar bem prático.

CAPÍTULO IV – TATO SOCIAL: ENTENDENDO MELHOR O LIDERADO

O objeto de estudo do Líder moderno é o seu liderado. Tanto o ambiente quanto os comportamentos do próprio Líder devem ser dirigidos e organizados em função do liderado.

Por isso, não tem nada mais importante ao bom Líder do que conhecer ao máximo os participantes do seu grupo.

Conhecer não é apenas saber quem é: filiação, residência, emprego atual. É realmente entender, ler, interpretar, ter empatia, relacionar, interagir com o liderado.

Para o Líder, aprender sobre pessoas é mais importante do que o conhecimento na sua própria área de especialidade técnica.

Quando se trata de pessoas, sempre tem um ambiente, uma comunidade social, em que estão inseridas. É a biologia do organismo humano modelada e envolta pela sua cultura, costumes, ideologia familiar, convívio social.

Aqui, a principal crítica é sobre o líder que ainda está tentando gerenciar a sua equipe focado em si próprio. Espera que os participantes do seu grupo "se virem" e adaptem-se a ele e ao ambiente.

Não adianta. O foco dos comportamentos do Líder deve ser no seu liderado, na pessoa com quem interage e precisa mantê-la sob seu gerenciamento.

Isso faz com que seja essencial ao Líder, mais ainda, aprender a ler melhor as pessoas. Entender como elas funcionam para que aumente a sua capacidade de Tato Social e, consequentemente, a sua habilidade de relacionamento social.

A base da habilidade social é a leitura que se faz do ambiente e das pessoas de convivência. Principalmente, as pessoas com quem se deseja interagir.

Se desde o primeiro momento o Líder não souber fazer essa leitura, esse tato, não terá referências propriamente para atuar.

Uma leitura distorcida determinará deficiências na interação. De imediato, terá muita dificuldade com a empatia, com o "se colocar no mundo do outro." O que é essencial para interagir como Líder sobre um liderado.

Neste tempo moderno, é indiscutível a necessidade de uma relação líder-liderado bastante personalizada. Mesmo nas instituições mais tradicionais já é bem afirmada a valorização do lado humano dos sujeitos.

E como fazer essa ação personalizada na prática quando se trata de muitos liderados? Por exemplo, uma empresa com um setor com mais de 100 funcionários no mesmo nível hierárquico; ou uma instituição religiosa com milhares de membros.

Por um lado, com conhecimento, classificar o grande grupo em subgrupos por características comuns. Por outro, gradativamente formar subsetores com "subgerências".

Nestes casos, o Líder terá as ações de:

Em síntese: o Líder deve ter uma relação bastante humanizada e, o tanto quanto possível, personalizada para com os seus liderados.

Para isso, no caso de um grupo grande, deverá trabalhar por subgrupos, reunindo as pessoas por características pessoais ou de funções exercidas. E, processualmente, deverá configurar "sublíderes" – seus auxiliares – para gerenciar mais próximo e repassá-lo as informações.

São esses auxiliares bem formados do Líder que possibilitarão que este interaja com propriedade, com conhecimento de causa e afinidade, com os seus liderados.

Esses auxiliares deverão ter três características essenciais, antes mesmo, obviamente, da habilidade de liderança propriamente:

1. Conhecer bastante o seu Líder, o superior;
2. Afirmar o seu Líder junto ao grupo;
3. Reafirmar a hierarquia.

Depois, importantíssima é a classificação e definição dos subgrupos.

Existem algumas tendências naturais e perigosas desta subdivisão: classificar por características exclusivamente do cargo, função ou ocupação e não com o foco no perfil do integrante.

Em Gestão de Pessoas propriamente, quando iremos organizar uma empresa quanto aos seus setores, obviamente que dependendo do foco, teremos que destacar e, até mesmo, orientar-nos pelas características das funções e cargos. Em alguns enfoques, chamamos de Perfil do Cargo.

Neste nosso caso aqui é diferente. Estamos classificando pessoas pelas suas características essenciais para exercermos liderança, gerenciamento sobre elas.

Por outro lado, não iremos ignorar, totalmente, o fato de que as características pessoais de cada integrante recebem muita influência do seu papel no seu grupo.

Para clarear tudo isso, vamos ver um exemplo de uma linha de construção sobre características pessoais numa perspectiva bastante abrangente: sobre as gerações.

A seguir, vamos nos apropriar de um trecho do nosso livro "Comunicação Pessoal para Vereadores" na íntegra. Peço licença para apresentá-lo diretamente, dispensando os padrões metodológicos para citações.

A. AS QUATRO GERAÇÕES

Vamos analisar as principais características e o perfil psicossocial das quatro gerações que convivem neste início do Século XXI.

Consideraremos uma diferença média de 25 anos entre elas. Sendo assim:

1ª - até 25 anos;

2ª - entre 25 e 50 anos;

3ª - entre 50 e 70 anos;

4ª - mais de 70 anos.

Um bom exemplo ilustrativo seria respectivamente: a minha filha, eu, meus pais e meus avós.

Vamos escolher o gênero feminino como referência. Ao contrário do que falam por aí, geralmente, as mulheres são mais definidas em padrões comportamentais. É mais fácil elaborar uma ideia de um conjunto de comportamentos das mulheres, de uma forma geral, do que dos homens.

É simples comprovar isso. Atualmente, se colocarmos 10 mulheres da mesma faixa etária, em condições normais de vida, em uma mesma situação social, a maioria se comportará bem parecido. Por outro lado, se colocarmos 10 homens com idades próximas sujeitos a uma mesma situação social, a maioria reagirá diferentemente.

Não vamos entrar nestes méritos para explicar isso aqui. Apenas entendendo que nesse momento social, o gênero feminino apresenta padrões comportamentais mais bem definidos do que os homens. Por isso, neste breve texto, vamos facilitar e pegar como referência as mulheres. Elas divididas nessas quatro faixas etárias.

Uma ilustração interessante das mulheres dessas quatro gerações é pensando em uma situação em que cada uma delas está saindo em viagem com um companheiro, quer seja marido, irmão, amigo, considerando que seja um homem da sua mesma geração.

A minha avó, não teria dúvida que meu avô pegaria a mala. E ficaria tranquila aguardando-o; a minha mãe pressionaria o meu pai, reclamaria, cobraria, até que ele pegasse.

Uma mulher contemporânea minha, nem esperaria pelo seu marido para pegar a mala. Já chegaria e pegaria de uma vez; e uma mulher da geração mais nova, da minha filha, já teria pego a mala dela, a do seu marido e já estaria chegando no destino com ou sem o marido.

Veremos cada uma dessas gerações.

<table>
<tr><td>I.</td><td>QUARTA GERAÇÃO:
MAIS DE 70 ANOS</td></tr>
</table>

Representam uma geração em que os vínculos sociais eram muito fortes. Desde uma relação comercial de um cliente com uma mercearia ou farmácia até uma amizade.

São de uma época em que se a pessoa era acostumada a comprar em um determinado supermercado, por exemplo, ela não se permitia comprar em outro local. Chegava a se sentir traidora se o fizesse. Tinha um vínculo comercial forte para com o dono do comércio.

E no campo das amizades, amigos de verdade, que chegavam a frequentar a casa um do outro, eram tidos como parentes. E mesmo com os conflitos naturais entre amigos, era muito difícil perder os vínculos. Realmente, as relações sociais de maior afinidade eram consideradas como laços de parentescos.

A relação de apego era muito forte. Por exemplo: uma pessoa que ficava viúva com idade maior do que 40 ou 50 anos, dificilmente, iria procurar um novo relacionamento. Tinha forte consigo um respeito e fidelidade para com o cônjuge mesmo depois da morte deste.

A minha falecida avó Dejanira, praticamente quarenta anos depois que ficou viúva, no seu aniversário de 89 anos, pediu-nos que cantássemos algumas músicas especiais. Adivinhe quem gostava dessas músicas? O seu falecido marido. E brincar sobre arrumar outro esposo para ela era como uma afronta. Representa muito bem o senso de fidelidade e vínculo social desta geração.

Para tornar-se próximo de uma pessoa, mais do que a confiança interpessoal, havia toda uma força nas referências familiares. Era importante conhecer qual a procedência familiar do candidato à amizade. Quem eram os seus pais e avós, alguma referência de parentesco mais tradicional socialmente.

A minha avó fazia questão de saber na mão de quem estava comprando. Quem era o dono, pelo menos, o gerente do comércio.

Tudo isso reafirma as características, até hoje, das pessoas com essa idade acima dos 70 e 80 anos: a geração dos meus avós.

Quer dizer que mesmo nos dias atuais, facilita se tratarmos esse grupo coerentemente com o seu perfil.

II. TERCEIRA GERAÇÃO: ENTRE 50 E 70 ANOS

A geração dos meus pais. Para entendermos esse grupo, temos que compor a mistura entre duas gerações: a que já falamos anteriormente, com mais de 70, e a minha geração com 25 a 50 anos. Em seguida, voltaremos a essa faixa etária.

III. SEGUNDA GERAÇÃO: ENTRE 25 E 50 ANOS

As mulheres da minha geração já são bem menos apegadas às pessoas de seu convívio e com os seus pertences. Isso teve uma influência muito forte das revoluções feministas do século passado.

Enquanto, na época da minha avó, havia todo um apego com a casa em que morava e especialmente com os seus pertences, a mulher da minha geração, se acontecer de passar por uma separação conjugal, facilmente se desprenderá dos seus móveis e pertences se considerada a questão do vínculo. Poderá fazer questão mais por uma visão financeira, mas muito pouco por sentimento.

A mulher da faixa etária de 25 a 50 anos é mais desapegada. Consegue lidar mais facilmente com uma separação, quer seja conjugal, de uma amizade, de um animal de estimação. Consegue lidar bem até com o desapego familiar, em casos de morar fora por motivos de estudos e trabalho.

E os critérios para selecionar as suas novas referências de amizade ou amorosas são bastante diferentes das condições das nossas avós. As mulheres da minha faixa etária não estão voltadas para antepassados e referências de parentescos. Querem mesmo é saber se as características da pessoa satisfazem as suas intenções, necessidades e expectativas.

As relações comerciais também são bastante diferentes. Para essas mulheres, a visão de comércio também é mais egocêntrica. O que mais vale é a vantagem que o estabelecimento irá oferecer em condições de *status* – marca e prestígio –, atendimento e lucro financeiro, não nessa ordem necessariamente.

As amizades são bem mais superficiais. Ela não está a fim de conhecer a outra pessoa com detalhes. Se tiver que ouvir alguma amiga relatar um problema pessoal, que seja breve, o mais objetivo possível. E a solicitante receberá resposta/conselho mais resolvida, despachada e direta possível. Para o assunto render o mínimo.

A mulher da minha geração é muito mais independente, inclusive emocionalmente. Pode até sofrer por um tempo curto por um fim de um relacionamento, mas logo se erguerá e estará pronta para continuar a vida.

Essa mesma independência deu a essa geração mais coragem, intrepidez, menos passividade. Até chega a ponto do risco de aumentar o perfil de inconsequência. Tornaram-se pessoas desafiadoras demais, com muita iniciativa e reação.

Para atender esse público, temos que estar prontos para lidar com essa intrepidez e reatividade.

IV. VOLTANDO PARA A TERCEIRA GERAÇÃO DE 50 A 70 ANOS

Entre estas duas gerações, dos meus avós e a minha, está a dos meus pais. Neste caso, tratando-se do público feminino, avaliaremos a geração da minha mãe. Mulheres divididas emocionalmente na fidelidade e dependência incondicionais das suas mães e na independência e artificialidade sentimental das suas filhas.

As mulheres da faixa etária de 50 a 70 anos foram, diretamente, afetadas pelas revoluções feministas e representam a transição das mudanças radicais do gênero feminino na sociedade entre as gerações da faixa etária de 25 a 50 anos e do grupo de mais de 70 anos.

Ao mesmo tempo em que apresentam comportamentos de autonomia e independência, sofrem com os sentimentos fortes de passividade, generosidade e apego afetivo para com quem representa os seus vínculos sociais, desde cônjuge a amigos, herdados da geração anterior, a dos seus pais.

Essa geração não tem a mesma exigència em conhecer a fundo as procedências familiares dos seus amigos e estabelecimentos comerciais, mas também não está disposta a abrir mão de uma referência concreta de indicadores que comprovem a idoneidade e credibilidade desses.

Representam exatamente um meio termo entre a geração de mais de 70 anos e de menos de 50.

V. PRIMEIRA GERAÇÃO: MAIS NOVA - ATÉ 25 ANOS

Por fim, temos a geração dos mais novos, até os 25 anos.

Parece que nasceram com um "hormônio" chamado independência. São muito mais desapegados e são bastante autênticos. Com uma estrutura de baixa sensibilidade emocional.

Uma característica interessante nesta faixa etária é que voltam a fazer um pouco mais de questão de saber das procedências familiares dos seus candidatos a fazer parte de seus convívios. Na verdade, exigem um compartilhamento maior, uma troca de informações que proporcione mais segurança nas relações interpessoais.

Tanto querem oferecer suas informações pessoais quanto querem receber. Para relacionar-se com uma pessoa, a mulher da geração até 25 anos já faz um pouco mais de questão em trocar informações sobre procedências. Obviamente que não quanto a geração com mais de 70 anos, mas também não aceita a superficialidade exagerada das relações interpessoais da geração dos 25 a 50 anos.

Um aluno com faixa etária até 25 anos quer que o professor saiba pelo menos o básico sobre sua vida. Não é para entrar muito no mundo privado do estudante. Senão irá reclamar. Mas, deve saber sobre os seus cuidadores, endereço e dia a dia.

Nesta geração, a facilidade para o desapego é muito grande. Lidar com a perca é uma habilidade quase natural dos indivíduos. Pena que os familiares e cuidadores, com a superproteção, acabam prejudicando essa evolução.

Para a geração de até os 25 anos, as respostas às suas demandas e expectativas têm que ser imediatas. Tudo é mais rápido. Chega ao ponto de pagar mais caro para receber o produto mais rápido do que receber descontos e esperar o tempo.

As instituições e empresas mais informadas já estão se preparando para receber essa geração mais nova ocupando o lugar principal de consumidores nos próximos anos. A preocupação fundamental é explorar ao máximo a Internet, como um forte canal comercial, mas resolvendo a questão do tempo de entrega.

Voltando ao foco, o mais importante é que esteja atento às características psicossociais do seu liderado pelas quatro gerações. Seja coerente ao lidar com cada pessoa, já se programando para os próximos anos pelas expectativas e prognósticos.

Aqui vimos um bom exemplo de uma análise de perfil para classificação de pessoas. Obviamente, com mais convivência, dentro do seu grupo de liderados, o objetivo é conseguir muito mais propriedade nesta caracterização. O ideal é sair de características gerais de formação de subgrupos para realmente personalizar a interação com o integrante.

Aqui vale ressaltar: os auxiliares do Líder – os "subgerentes", supervisores, coordenadores, diretores, de acordo com o termo utilizado especificamente pela comunidade – têm o papel importantíssimo nesta intermediação entre o seu Líder e o liderado, para uma interação atenciosa e personalizada.

No próximo volume deste livro, trabalharemos mais detalhadamente sugerindo outras linhas de caracterização de pessoal. Por enquanto, até aqui, o mais importante é entender que o papel fundamental do Líder moderno resume-se em aperfeiçoar uma leitura mais apurada dos seus liderados para o atendimento personalizado. Ou o mais próximo disso.

SEGUNDA PARTE - A PERFORMANCE DO LÍDER MODERNO

Ser um Líder moderno, reconhecido pelo seu grupo, cada vez mais afirmado, exige uma atualização de conhecimento muito eficiente independentemente de qual seja o perfil dos liderados.

A informação está muito disponível a todos. Especialmente pela Internet.

Qualquer garoto é capaz de acompanhar um tema polêmico pela mídia e saber pelo menos discordar de argumento.

Juntamente com uma equipe pedagógica, desenvolvi um trabalho educacional com estudantes tidos como mais inteligentes da faixa etária de 12 a 15 anos.

Alguns destes garotos estavam apresentando problemas em suas escolas por discussões com seus professores.

Quando fui conferir a situação, na verdade, os seus educadores que estavam com dificuldades de lidar com esse perfil, esse nível de estudantes críticos e bem informados.

Contestavam os seus professores e discordavam quando não apresentavam, adequadamente, atualizados sobre os temas decorridos.

Olhe para você ver!!! Como deve ser a Gestão de Conhecimento e informação sobre Atualidades de um professor deste perfil de estudante.

Agora, pense sobre um Líder!!! Como se afirmar à frente de pessoas neste mundo tão interativo, nesta Era do Conhecimento!?

Primeiramente, é essencial entender que informação por informação não vale muito. Ainda mais para um Líder.

A informação somente terá efeito se for lapidada em conhecimento aplicável. É bem isso. Já era o tempo em que uma pessoa muito inteligente, mas com dificuldade de expressão, de difícil compreensão, ainda conseguia destacar-se.

Atualmente, se você passa uma noite num ambiente social com um amigo, sendo ele bastante inteligente, mas pouco funcional, sairá com uma sensação de tempo perdido.

Só vale a pena quando o conhecimento da pessoa é aplicável, serve para algo prático. Neste caso, você sai de uma conversa com a pessoa inteligente funcional e já coloca em prática desde as coisas simples faladas.

Um Líder atual deve ser essencialmente assim. Deve oferecer funcionalidade em seus comportamentos verbais e não verbais. Ou seja, nas suas falas e atitudes.

A base é formada na interação do Líder em cada contato social com os seus liderados. Primeiramente, nos contatos individuais; depois, nos momentos em grupo.

Vamos focar nesta *performance* ideal para o Líder moderno, reunindo o que vimos até aqui.

CAPÍTULO V – INTERAÇÃO SOCIAL DO LÍDER

Sempre que for interagir com uma pessoa, deverá definir um objetivo da comunicação, elaborar algumas estratégias voltadas para o alvo e medir, criteriosamente, os resultados para testar primeiro as estratégias e depois a importância do objetivo traçado.

Apenas parece complexo num primeiro momento. Em síntese: sempre que for conversar, interagir, com uma pessoa, já tem que pensar qual é o seu objetivo com ela.

Em seguida, deverá atuar com alguma estratégia. Não pense difícil, não complique. Você deve definir como irá alcançar aquele seu objetivo com a referida pessoa.

E, por fim, deverá conferir se deu certo. Se conseguiu o que queria.

Não interessa apenas ganhar uma discussão ou a pessoa simplesmente concordar com você. Acima de "amistosidades" e concordâncias deve estar o seu objetivo.

Vamos para exemplos simples, em situações corriqueiras, não necessariamente sobre os liderados.

Imagine situações bastante comuns de interação social: a pessoa chegou a uma repartição pública e irá solicitar um favor a um atendente. Um rapaz foi apresentado a uma moça de seu interesse por uma amiga em comum. O pai conversando com o filho. Os amigos definindo em qual pizzaria irão. Um vendedor apresentando-se para oferecer um produto a um cliente.

O Líder moderno deve ser *expert* em interações sociais assim, principalmente em situações que envolvam um liderado. Nestas ocasiões que ele irá se formando como uma referência.

Acabou aquela história de Líder que só se comporta como tal quando veste a sua "roupa" do cargo que ocupa. Ele se forma nas relações sociais. Em seus relacionamentos no dia a dia.

Por outro lado, é importantíssimo entender aqui que não

tem, necessariamente, a ver com persuadir a todos sempre. Nem mesmo com vencer argumentação e discussão. O Líder nem precisa ter a melhor ideia, a que irá prevalecer.

O papel do Líder é alcançar a melhor definição, decisão, direção para o grupo e afirmar isso de forma que prevaleça sobre todos, mesmo quando a ideia não for a sua.

Não deixe misturar tudo aí na sua cabeça. Vamos definir tudo direito:

O papel principal do Líder será levar o grupo à melhor condição/direção.

Significa garimpar a melhor ideia/estratégia, mesmo que não seja a sua.

Deverá afirmar a melhor ideia/estratégia para que seja aceita por todos no grupo.

Essa habilidade inicia nas suas interações sociais, desde individuais, com os seus liderados. Ou seja, nas suas *performances* diante do seu grupo.

Para isso, deverá atuar corretamente e estrategicamente nas relações sociais do seu dia a dia e não apenas quando à frente do grupo.

A interação social deve ser com o seguinte padrão:

Toda interação - Objetivo - Definição da estratégia
- Avaliação do Resultado

Diferentemente como muitos pensam, o Líder não tem que ter sempre a melhor ideia do grupo. O seu papel é definir o que é o melhor para o grupo, a partir da participação da equipe, garantindo, ao final, que todos aceitem bem e se engajem sobre a decisão.

O grande Líder moderno está muito mais interessado em formar uma boa equipe, com integrantes mais inteligentes funcionais e maduros, do que persuadir sempre.

Quanto mais desenvolvida a sua equipe, maior a capacidade do grupo chegar a melhores decisões. Especialmente, quanto mais técnicos e especialistas funcionais no grupo, maior será o apoio que o Líder terá em seu gerenciamento do pessoal.

Isso é um grande desafio para o Líder moderno: desenvolver equipe. A sua missão é fazer com que os seus liderados busquem mais desenvolvimento e maturidade. E não ao contrário, como fazem, querendo manter a alienação.

O melhor Líder gerencia pessoas mais inteligentes tecnicamente e especializadas do que ele.

Já o líder medíocre, o que nem merece esse título de Líder, tem uma grande preocupação quando um liderado começa a se desenvolver e se destacar, sentindo-se ameaçado em sua afirmação.

O Líder interage com os seus liderados, desde individualmente, ou através da sua equipe de auxiliares, incentivando, estimulando e oferecendo recursos para que os integrantes cresçam em conhecimento, maturidade e tecnicamente, formando especialistas.

Este investimento no liderado deverá ser compensado com a contribuição deste ao grupo com inteligência funcional para ajudar nas ações, decisões e estratégias.

A interação do Líder moderno com o seus liderados deverá ser estratégica, sempre com um objetivo definido. E o que orienta esses objetivos é o perfil de cada integrante.

Pode até começar, como já falamos, com classificações e agrupamentos em equipes. Mas, com ferramentas e os gerentes auxiliares, os subgerentes, deverá chegar ao perfil, individual, que definirá tanto a *performance* do Líder quanto as suas estratégias e objetivos na interação.

CAPÍTULO VI – O LÍDER MODERNO RECONHECIDO

O Líder moderno deve dar conta da sua *performance*, ler bem o seu liderado e ter controle sobre o ambiente em que está inserido o seu grupo.

Esses três desafios devem estar fundamentados nas três estruturas pessoais de um Líder atual: Ecologia, Assertividade e Maturidade.

Já é possível o entendimento que além da hierarquia que apresentamos nesta ordem por estas três estruturas, o Líder que domina esses fundamentos é capaz de discernir situações em que a Maturidade será mais forte e poderá contrariar as outras duas estruturas. Da mesma forma em que a Assertividade poderá contrapor a Ecologia.

E para a sociedade, é exatamente essa hierarquia funcional que condicionará a composição de líderes mais fortes. Em outras palavras, o que determina um Líder mais reconhecido e afirmado no mundo moderno é exatamente a sua capacidade de exercer melhor cada um destes estágios. Considerando que o destaque é distribuído pela hierarquia destas estruturas.

Quer dizer que até aqui vimos três níveis de líderes pelas suas capacidades de exercer cada uma das etapas de afirmação, de reconhecimento.

I.   LÍDER I

O primeiro grau de liderança é marcado pela capacidade de exercer apenas a Ecologia. De manter a organização das relações entre as pessoas e ambiente.

Naturalmente que já se trata de uma pessoa de destaque. Alguém que consegue se impor e apresentar-se superior às demais daquele grupo.

Neste caso, o Líder I poderá trabalhar sobre os seus liderados prezando pelo consenso. Mantendo a direção do grupo para o melhor caminho. Mantendo o equilíbrio. Só que não poderá contrariá-lo.

Pela sua formação técnica diretamente ou aproveitando para se apoiar em técnicos do seu grupo como aliados, manterá o controle sobre o grupo.

Neste primeiro nível de afirmação, o Líder deverá se expor menos. Por exemplo, evitar reuniões coletivas. O indicado é que trabalhe sobre os liderados individualmente, de uma forma personalizada. Ressaltando que poderá contar com axiliares, sublíderes, para essa tarefa.

Somente depois de afirmado com pelo menos a maioria individualmente que poderá reunir o grupo apenas para reafirmação.

Outra atenção deste primeiro nível de Líder é que deverá buscar a amistosidade. Prezar por uma gestão sem conflitos, sem riscos de interações sociais mais forçadas.

Este Líder, para manter a amistosidade, a sua característica principal, deverá aperfeiçoar-se em produzir mais identificação com os seus liderados. Passar a fazer-se mais próximo e mais adaptado a cada um deles. O seu personagem deverá ser bastante adaptado, semelhante, coerente com cada um dos integrantes do seu grupo a partir das suas características identificadas.

Neste nível, o Líder deverá sempre se preocupar em manter um padrão modelo de comportamento. Os seus liderados não o reconhecem se as suas atitudes forem contraditórias aos seus discursos.

II.   Líder II

No segundo nível de liderança, a Assertividade já deve ser exercida além da Ecologia pelo Líder.

Ele deve saber identificar e assegurar direitos: ora seu, ora de outro integrante. Inclusive, direcionar com firmeza os casos em que se discute no seu grupo a quem o direito numa situação de conflito específica.

A sua afirmação não está mais na necessidade de se fazer amistoso e semelhante ao próximo. Embora não pode comprometer o modelo. Ou seja, ainda precisa manter a coerência do que prega com as suas atitudes.

Desde que se mantenha como modelo, pode até contrariar o liderado sobre questões funcionais técnicas para o grupo. Não atingindo, diretamente, a identidade do integrante da sua equipe e apresentando experiência sobre a questão, poderá "bater de frente" com o liderado.

O Líder II não precisa e nem deve adaptar muito o seu personagem nas principais situações. Quanto mais ele se fizer com personagem menos variados será mais afirmado. Mas, isso só funciona se o Líder, na sua construção, passou bem pela etapa da Ecologia.

É a Ecologia que irá fundamentar a habilidade social para o Líder II ser Assertivo. Ou seja, deve ser modelo e ser assertivo a partir da Ecologia, podendo até contrariar o liderado de uma forma técnica e bem estratégica.

É a liderança que se afirma pela assertividade e não pela amistosidade.

III.   Líder III

Este terceiro nível é do Líder que já é afirmado pela sua formação em Ecologia e Assertividade. Tanto sabe manter o equilíbrio na relação social e ambiental como não tem dificuldades para ser Assertivo.

Tem a capacidade de discernir com Maturidade em quais situações pode e deve abrir mão da Assertividade por opção. Por uma condição melhor.

O Líder III já é afirmado. Já é bastante reconhecido. Os seus comportamentos são moderados, maduros, estratégicos.

Não precisa ser modelo necessariamente e pode contrariar o liderado desde que sobre questões funcionais para o grupo.

Três níveis de liderança que compõem uma hierarquia e determinam a relação do Líder moderno com os seus liderados.

Está começando a aprofundar. É melhor interrompermos por aqui. Já é muita informação para este primeiro volume deste tema. Agora, é a hora de praticar tudo isso e continuaremos no próximo volume que publicaremos em seguida.

Passe a ser mais observador, dando uma atenção especial sobre tudo isso que vimos até aqui e praticando bastante.

Sucesso em seus desafios de liderança e até o próximo volume.

BIBLIOGRAFIA

CABALLO, V. E. **Manual de Avaliação e Treinamento das Habilidades Sociais**. São Paulo: Santos, 2003.

CAMPOS, V. F. **Gerenciamento da rotina do trabalho do dia-a-dia**. Nova Lima: INDG Tecnologia e Serviços Ltda., 2004.

CATANIA, A. C. **Aprendizagem: comportamento, linguagem e cognição**. Trad. Deisy das Graças de Souza. 4.ed. Porto Alegre, RS: Artes Médicas Sul, 1999.

MEHRABIAN, A. e Wiener, M. **Decodificação de comunicações inconsistentes**, Journal of Personality and Social Psychology, 6, 109-114, 1967.

MEHRABIAN, A. e Ferris, SR. **Inferência de Atitudes de comunicação não verbal em dois canais**, Journal of Consulting Psychology, 31, 3, 48-258, 1967.

SILVA, F. A. **Geração de Valor 2**. Rio de Janeiro: Sextante, 2015.

HILL, N. **Quem vende enriquece**. 1. ed. São Paulo, SP: Editora Fundamento Educacional, 2011.

SILVEIRA, R. V. **Personagens: Projeto de Vida, Comunicação Pessoal e Oratória**, Montes Claros/MG, 2017.

SILVEIRA, R. V. **Persuasão do bate-papo à oratória**, Belo Horizonte, 2007.

SILVEIRA, R. V. **Persuasão e Desenvolvimento Pessoal**, Goiânia, 2012.

SILVEIRA, R. V. **Desenvolvimento Pessoal e Oratória para Vereador**, São João Del Rei/MG, 2016.

WEBER, M. **Economia e Sociedade: fundamentos da sociologia**

compreensiva; tradução de Regis Barbosa e Karen Elsabe Barbosa; Revisão técnica de Gabriel Cohn. Brasília, DF.: Editora Universidade de Brasília, 1999.

www.ingramcontent.com/pod-product-compliance
Lightning Source LLC
Chambersburg PA
CBHW051214250726
48655CB00006B/2400